幸せの国スウェーデンから

くまさんと私のおもしろ北欧デイリーライフ

やまだあいこ

FRÅN DET GLADA LANDET
SVERIGE
KUMA OCH AIKOS
ROLIGA VARDAG

DU BOOKS

自己紹介

はじめましてあいこです！
北欧スウェーデンはストックホルムに約3年住んでいます！

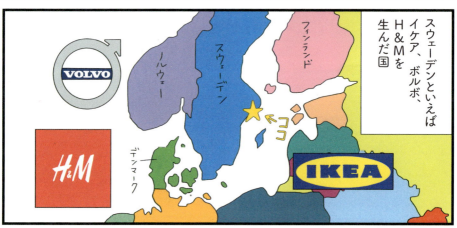

スウェーデンといえばイケア、ボルボ、H&Mを生んだ国

そこで普段は観光客向けのガイドをしながらイラストレーターとして働いています

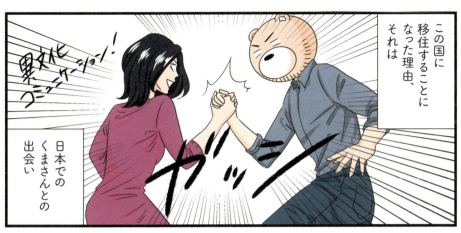

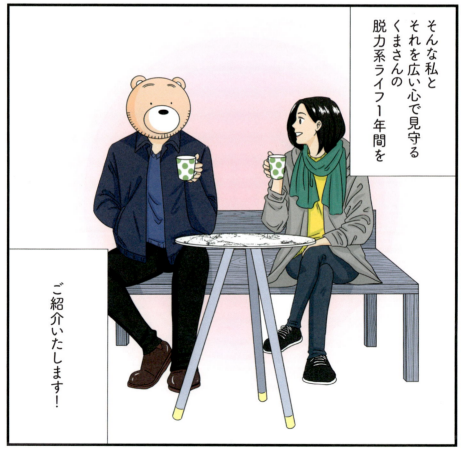

登場人物

くまさん

ギリシャ系スウェーデン人
まったりしている
マンガやアニメが好きで
1年間日本に留学していた

あいこ

せっかちで白黒はっきりさせるタイプ
アイスクリームに目がない
留学中の
くまさんと出会う

本編以外のスウェーデン情報

ひとことメモ
心のつぶやき、
プチ情報など

コラム
季節の行事、習慣、
人々の気質など
スウェーデン文化と
社会のあれこれ

Roliga Fakta（小ネタ）
気まぐれミニコーナー！

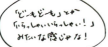

北欧発祥の
オープンサンドイッチも人気
使われる食材は
スモルゴストータとほぼ同じ

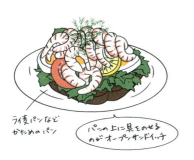

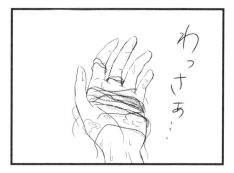

アパート

スウェーデンは1930年代頃から
難民も含め多くの人を
受け入れているよ
ただ移民に優しい面がある一方、
今ではそれが社会問題に
つながったりも…？

高さ

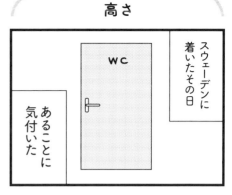

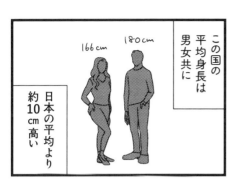

パーソナルナンバーは
日本のマイナンバーのようなもの

病院や銀行などで個人を識別する
ために必要なものです

スーパーで買える
おみやげ❶

北欧といえばディルチップス！
日本でいう"のり塩"のような味

KOLUMN

01

スウェーデン入門

北欧、スカンジナビア半島に位置するスウェーデン。
公用語はスウェーデン語ですが、英語もみなさん堪能なので、簡単な英語ができれば困ることはないです。
でも、もし訪れる機会があれば挨拶やお礼などスウェーデン語で言えたら楽しいはず!

❶ Hej (ヘイ)／Hejsan (ヘイサン)
こんにちは(朝昼晩いつでもOK)

❷ Hej då (ヘイドォ)
さようなら

❸ Tack (タック)
Tack så mycket (タックソーミュッケ)
ありがとう／ありがとうございます

挨拶だけでもスウェーデン語で言ってみると、きっと笑顔返しくれますよ!

夏休みやクリスマスなどは
全然届かないので
さけた方が無難

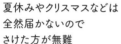

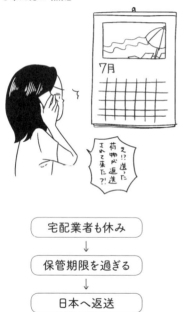

IDがないと受け取れないから取り違いがないのは安心です！

もちろんスリッパはありますが
冬場以外はあまりはきません…

寒い時期は
ムートン素材のものが人気です

ROLIGA FAKTA
04

スウェーデンの
食卓から❶

冷蔵庫に常備
タラコペーストの
カッレスキャビア

KOLUMN

02
美容

　空気は乾燥していて冷たく、水は硬水──そんな環境のため何か特別なスキンケアをしているのかと思いきや、実はとてもシンプル！　洗顔は拭き取り化粧水で済ませ、クリームを塗りこんで終了。メイクも圧倒的にすっぴんやナチュラルメイク派が多く、日焼け止めを塗るだけの人やマスカラをして印象を変えるだけの人も多いです。シミやそばかすもチャームポイントとしてあえて隠さず、健康的な印象を大事に。
　ヴィーガン向けコスメやオーガニック系が充実しているのも自然派の多いこの国ならではです。

敏感肌の私も安心して使えた
スウェーデンのスキンケアブランド

● **Emma S.**
創設者は元スーパーモデル

● **L:A BRUKET**（ラ・ブルケット）
オーガニックで香りが最高

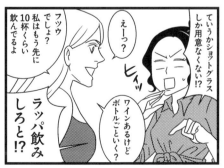

ビールはチェイサー

聞き慣れてしまえば大丈夫!

「歌うように話す」といわれる
スウェーデン語
独特なメロディーと抑揚があるよ

ROLIGA FAKTA
08
ファッション哲学❶
シンプル is ベスト!

"fika"は動詞としても名詞としても使う単語

ROLIGA FAKTA
09
ファッション哲学❷
男ウケ・女ウケなんて気にしない
ファッションは
自分のために楽しむもの

KOLUMN 03

フィーカ

"Ska vi ta en fika?"
(スカ ヴィ トー エン フィーカ?)
「お茶しない?」

　フィーカはコーヒーブレイクとほぼ同意義ですが、少し違うのは一人でするものではないということ。友達や家族、恋人や仕事仲間など複数人でコーヒーや紅茶と共にお茶菓子を食べながら談笑してリラックスします。平日の会社や学校でも例外ではありません。
　カフェではゆっくりできるように、コーヒーのおかわりは無料の所が多いです。

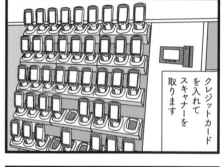

公園で立ち話し

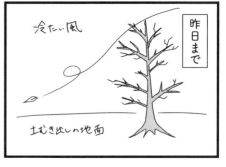

春になると…

ヘラジカの体長は2〜3m
一頭いるだけでも
車は進めない…

渋滞情報にも「ヘラジカ」
と書いてある

ROLIGA FAKTA
11
迷信❷
"Peppar peppar ta i trä!" と
言いながら木製のものをノック！
木の精霊が悪いことが
起きないよう助けてくれるとか…

※ヘラジカの出現による渋滞は結構あり

Påskkärring
ポスクばあさん

スウェーデンにおける魔女はこんなイメージ

ハロウィンの習慣もないけれど最近は若者が仮装パーティーを楽しんでいるよ。

KOLUMN

04

ポスク

　スウェーデン語でイースターを意味するポスク。本来はキリスト教の復活祭ですが、スウェーデンではキリスト教伝来以前の風習と相まって春の訪れを祝う行事として盛り上がります。

　ルター派のキリスト教である「スウェーデン教会」が最も大きな団体ですが、実は日本のように無宗教の人も多く、教会に所属しているとしてもそれは文化的理由であって信仰心はないという人も多くいます。そのためこのポスクや、クリスマスなどの行事も文化や伝統として人々は楽しんでいます。

ポスクリースという羽根かざりや、卵のうつわの中にお菓子を入れてデコレーションします

車内のシートは
青と黄色の
スウェーデン国旗カラー

← 黄色
← 青

ROLIGA FAKTA
12

シナモンロールのはなし

巻き方は様々!
定番は左のひねった形
甘さは控えめで
カルダモン&シナモン風味

KOLUMN

05

メトロアート

　ストックホルムのメトロは「世界一長い美術館」と称されるほど、沢山のアート作品が見られることで有名です。市内に100ある駅のほとんどに作品があり、駅によって味わいの異なるアートを楽しめます。

　アートをより身近なものにしよう、暗い雰囲気の地下鉄を明るくしたい、そんな思いで作られたこの地下の美術館。ストックホルムに訪れたら、ぜひメトロに乗って作品を巡ってみてください。

オーデンプラン駅

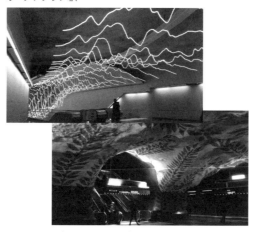

ストックホルムセントラル

正確には白夜になるのは
北極圏以北のラップランド地方のみ

日光浴

クラスは20人前後
18才〜50才

KOLUMN

06
夏至祭

　6月になると太陽は高くなり、スウェーデンの夏が始まります。暗く長い冬を乗り越え、ようやく訪れた明るい季節をみんなで盛大に祝うため、毎年6月下旬の夏至に最も近い土曜日Midsommardagen（ミッドソンマルダーゲン）とその前日Midsommarafton（ミッドソンマルアフトン）の合わせて2日間が祝日となり、夏至祭が行われます。当日は、伝統衣装を着たり、頭に花の冠を乗せて広場に集まります。そしてMidsommarstång（ミッドソンマルストング）と呼ばれる白樺のポールを「オー、ヘイ！」という掛け声と音楽とともに引っ張って立てた後、みんなで手を繋ぎ、フォークダンスを踊って楽しみます。

みんなでポールを
立てる様子

かわいい伝統衣装

6月高校卒業式

本物は元気すぎてちょっと引きます 笑

シナモンロールに
セムラ、
フィーカ文化によって
スウェーデンのスウィーツは
大充実なんだ!

こんな感じの人がフェリーに溢れる

スウェーデン語に慣れるまで
生徒どうしは英語で会話

スウィッシュ

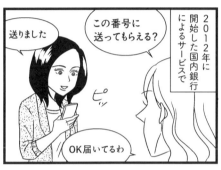

エンドロールが始まると
すぐ明かりがついて
みんな帰りはじめます…

何でもチューブ | カッレスキャビア

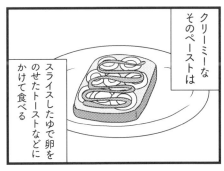

ちなみに世界的にもマズイと有名

多分クラスメイトに世話されてる

KOLUMN 07

スウェーデン人はシャイ？

　スウェーデン人に限らず北欧に共通する特徴は、シャイな人がとても多いこと。自分から何かを強く主張したり、アピールすることはあまりしません。パーソナルスペースが広く初対面の人とも積極的に距離を縮めようとはしません。（もちろん人によりますが……）

　仲良くなるまでは少し時間がかかりますが、実は明るくて面白い人が多いです。落ち着いていて、真面目なスウェーデン人ですがお酒が入ると一気にはっちゃけることも!?

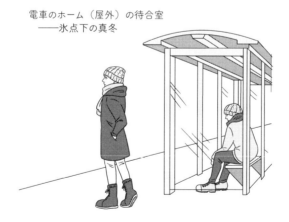

電車のホーム（屋外）の待合室
　　──氷点下の真冬

そこに1人でもいたら、もう入らない…

移民の私でも無料で学校に
行かせてもらえるのは
とてもありがたいです

ROLIGA FAKTA
13

スウェーデン語で？

傘は Paraply（パラプリー）
可愛い響き

サマーハウスを
持っている人が多いです
（決してお金持ちだけではない）

VAB（ヴァーブ）
=Vård av barn
子供の世話・介護
子供の看病で仕事を休んだ際、
給与の約8割が支給される

VOBBA
=Vabba＋jobba
子供の看病をしつつ
（休みをとらない）自宅勤務

なるべく日光浴するようにしています…

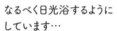

ROLIGA FAKTA
14

H&Mの楽しみ方
ストックホルム・セントラル
Sergels torg出口近くの
店舗には
カフェ (it's PLEAT) あり！

夏本番

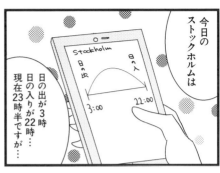

北極圏の町キルナは白夜で有名

夏になると
そこら中にいます

KOLUMN

08

育児事情

　世界で初めて育児休暇を導入したスウェーデンでは、子供の両親はそれぞれ育児休暇を取ることが義務付けられています。街中ではママ友ならぬパパ友同士で赤ちゃんを抱っこしながらフィーカしている光景も見られるほど。子供をもつ親は2人で最大480日（16ヵ月）育児休暇を取ることができ、その休暇は両親で共有する必要があります。（子供が8歳になるまでその日数は有効）

　税金の高い国ですが、こうした制度を利用できるため子育てをするには良い環境であると言えそうです。

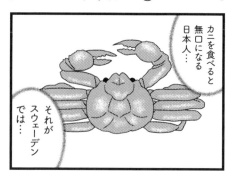

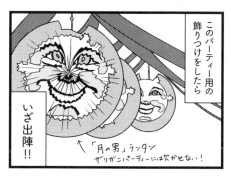

なかなかシュールな
飾りが多し

スナップス（Snaps）とは…
ハーブで香りづけされたお酒
度数は40度以上！

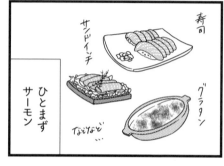
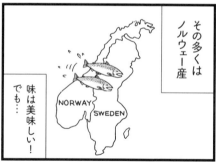

さすがに飽きてきます…

穴あき

スウェーデン人は くつをぬげば くつ下は穴あき、 下着はボロボロ タイツも伝染している人 多数!!

くつ下に穴が空いているとは思えないスタイリッシュさ

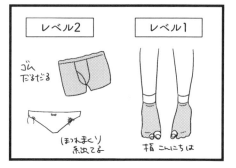

レベル2 — ゴムだるだる / ほつれまくり 糸出てる

レベル1 — 指こんにちは

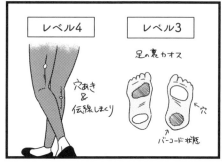

レベル4 — 穴あき&伝線しまくり

レベル3 — 足の裏カオス / 穴 / バーコード状態

気付いてないのかな... / レギンス伝線してるよ... / ? / 知ってるよ / !!?

自分が食べたいものを
気にせず頼めるのはいいね

KOLUMN 09

個人主義

　世界の中でも一足早く福祉社会をつくり上げたスウェーデン。社会システムが一人一人の生活を最低限保障しているため、家族や地域の繋がりは薄くなり、男女の平等や個人の自由を追い求めた結果、スウェーデンは非常に個人主義な国になりました。元来のシャイな性格がそれに拍車をかけているのかもしれません。

　他人と自分を比べることなく、自分自身に従って生きてゆく。自分のことは自分でする。

　そのため上司が部下に奢ることもなければ、彼氏が彼女に奢るようなこともほとんどありません。(そんなことをしたら、彼女が怒り出すかも?)

立ち読みはありえません！

日本の接客と比べると
冷たく感じてしまうかもしれませんが
決してそういう訳ではありません
考え方が少しちがうだけです

店員とお客さんの立場は対等よ。

土曜日	金曜日

※諸説あるみたい

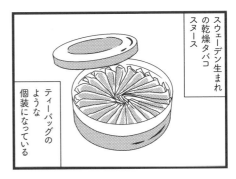

クルーズで隣国に行く時も
スウェーデン側からでしか
買えないんだ

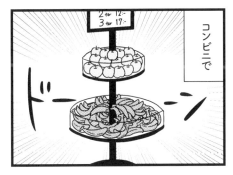

フルーツ好きの国、
カフェのメニューに
スムージーは定番です
濃いめの味が楽しめます

KOLUMN

10
冬対策

　白夜の夏とは反対に極夜になる冬。ストックホルムは日の出が9時前、15時頃には暗くなるという日照時間の短さ。太陽が出ている間も雪が降り、空は曇っていることがほとんどで太陽の明るさはほぼ感じられません。

　そのため日光によって体内で生成されるはずのビタミンDが不足してしまうのです。カルシウムの吸収がスムーズに行われにくくなり、爪や髪はボロボロに……。

　そのため薬局やスーパーにはビタミンのサプリメントや水に溶かして飲むタブレットがずらり！ 冬を感じはじめたら毎日サプリメントを飲むようにします。

　体内時計も乱れますし、家の中でもライトやランプを増やしてとにかく「光にあたる」ように！

KOLUMN

11

動物

　スウェーデンに来て驚いたことは野良猫や野良犬を全く見ないこと。
　捨て猫、捨て犬を出さないためにペットショップはなく、ブリーダーから直接譲り受けるシステムになっています。動物愛護法もかなり細かく、厳しく定められています。例えば犬をケージに入れて飼ってはいけない、6時間以上留守番をさせてはいけない、ペットの種類によって何平方メートル以上の飼育スペースを確保しなければならないなど……。

ハリネズミは一匹あたり
20平米のスペースが必要

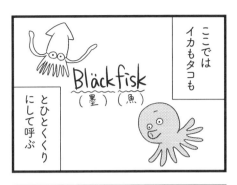
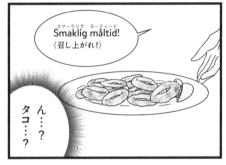

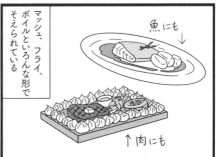

スーパーではこんな感じ…

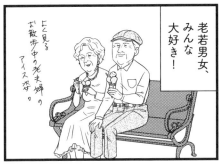

照明

冬は家中キャンドルだらけ

よくある

KOLUMN
12
インテリアショップ

IKEAに代表されるスウェーデンのインテリアや家具。素敵なお店が沢山あります。

● H&M Home
言わずと知れたスウェーデン発祥
H&Mのインテリアグッズがずらり

● Designtorget（デザイントリエット）
ユニークなデザインのものを集めたセレクトショップ

● Mio
家具からインテリアグッズまでそろう大手チェーン
高級感のあるデザイン

● R.O.O.M.
オシャレさん必見!
家具、インテリアのセレクトショップ

● Indiska
オリエンタルデザインが好きならここ
洋服などもあり

見た目

あやまられてはないが今でも仲良いらしい

最初はあいづちがちょっとコワイ

未知の世界

寒さ

ブラジル出身のミゲルも
人生で初めて
ダウンを買いました

ジョギング	雪道

スケート状態で歩くそうです

優柔不断

協調性の度が過ぎる

KOLUMN

13
スウェーデン人の協調性

　個人主義だけど協調性がある。私はそれがスウェーデン人の大きな特徴だと思います。自分の意見はもちろんあるけれど、トゥーマッチな自己アピールを好まない彼らは複数人集まるとお互い譲り合い合戦になります——「僕は何でもいいよ」「私はこれが気になるけど皆に合わせるわ」といった具合です。

　昔から移民が多く、様々な文化や人種を受け入れ、吸収してきたスウェーデン。相手を受け入れよう、知ろうとする気持ちや考え方がこうした協調性につながったのかもしれません。

クリスマスマーケット① ユール（クリスマス）

好みの分かれる味

クリスマス限定のチーズも

クリスマスは
ストックホルムの老舗デパート
ＮＫ(エヌ・コー)のショーウィンドウが有名だよ！

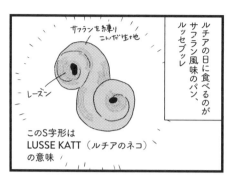

ムスト

ポスク（イースター）ムストもあります

濃厚なドクターペッパーという感じ

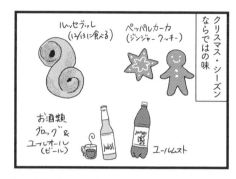

"ヤンソンの誘惑"とはジャガイモとアンチョビのグラタンのようなもの

スコール＝乾杯

公園には太陽を求めて
ビキニのお姉様方が

KOLUMN 14

ストックホルムのSOHO

感度の高い人が集まるヒップなエリアが、ストックホルムのセーデルマルム地区。オシャレなカフェや古着屋さん、テキスタイルのお店などが立ち並び、休日になると若者で賑わいます。最寄り駅のスルッセンはストックホルム・セントラルからメトロで2駅、ガムラスタンからは徒歩で行ける距離です。

● **Café Tårtan** （カフェ・トルタン）
雰囲気の良いカフェ。ゆっくりフィーカを楽しんで

● **Hermans** （ハーマンズ）
ベジタリアンブッフェのレストラン。景色が最高、料理も美味しい！

● **The Tea Centre of Stockholm**
（ティーセンターオブストックホルム）
王室御用達の紅茶専門店。ノーベル賞の晩餐会で提供されるセーデルブレンドティーをゲット！

● **Skinnarviksberget** （フィンナルヴィクスベリエット）
ストックホルムを一望出来る公園。地元っ子はここで友人や恋人と景色を眺めながらのんびり過ごしています

Hermansのテラス席　　Skinnarviksbergetからの景色

1コマ目の街はガムラスタン
古くからある
素敵な建物がたくさん！

気付いたら①

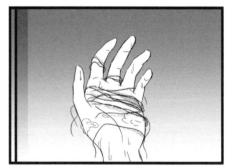

そんなこんなで今はイラストの仕事と
ガイドという仕事を通して、
第2の故郷、スウェーデンの魅力を
お伝えしています！

この国と、街と、そしてくまさんと、
ラーゴムな人生を楽しんでゆきたいです。

イラストレーターとしてのやまだあいこにも
ぜひぜひ注目していて下さい！

あとがき

　スウェーデンという国を絵にして描きはじめてみると、驚くほど創作意欲を湧かせてくれる国だと気が付きました。日本とは大きく異なる気候、風土、文化、歴史。それらは私に驚きと楽しさと、たまに不安や苦手意識をくれて、この国へ移住して私は価値観や考え方の天井が消え、世界がグッと広がりました。

　そんな私の生活をInstagramを通して応援して下さっているフォロワーの皆様、本を出すという夢を見るきっかけを与えて下さったオーグレンさん、そして担当の編集さん、本の出版にあたりご尽力下さった皆々様に心より御礼申し上げます。

　そして、この本を手に取って下さった読者の皆様。本当にありがとうございました。

やまだあいこ

幸せの国スウェーデンから
くまさんと私のおもしろ北欧デイリーライフ

初版発行　　2019年3月1日

著者　　やまだあいこ
装丁　　chichols
編集　　福里茉利乃＋中井真貴子（DU BOOKS）

発行者　　広畑雅彦
発行元　　DU BOOKS
発売元　　株式会社ディスクユニオン
　　　　　〒102-0074 東京都千代田区九段南3-9-14
　　　　　編集 TEL.03-3511-9970　FAX.03-3511-9938
　　　　　営業 TEL.03-3511-2722　FAX.03-3511-9941
　　　　　http://diskunion.net/dubooks/

印刷・製本　　大日本印刷

ISBN978-4-86647-091-7　Printed in Japan
©2019　Aiko Yamada / diskunion

万一、乱丁落丁の場合はお取り替えいたします。定価はカバーに記してあります。
禁無断転載

キュロテ
世界の偉大な15人の女性たち
ペネロープ・バジュー 著　関澄かおる 訳

ペネロープ・バジューによる、キュートでユーモラスな女性偉人伝コミック!
世間の目や常識にとらわれず、自由に生きることで、時代を革新してきた世界の女性15人を紹介。勇猛果敢な女戦士、古代ギリシャ初の女性医師、中国史上唯一の女帝、人気キャラクターの産みの親…etc. あなたがまだ知らない、パワフルでユニークな彼女たちの人生とは!?

本体1800円＋税　A5　148ページ（オールカラー）

ジョゼフィーヌ！
アラサーフレンチガールのさえない毎日
ペネロープ・バジュー 著　関澄かおる 訳

TBS『王様のブランチ』にて紹介され話題沸騰！アラサー女子の悩みは万国共通。胸なし、金なし、男なし。あるのは大きなお尻だけ。パリで暮らすOL・ジョゼフィーヌのさえない日常を描いたフランスで累計30万部のベストセラーコミック。「anan」「vikka」「エル・ジャポン」「Leaf」など女性誌をはじめ、各メディアで紹介された色彩豊かなコミック。

本体1800円＋税　A5　184ページ（オールカラー）　好評2刷！

エロイーズ
本当のワタシを探して
ペネロープ・バジュー＋ブレ 著　関澄かおる 訳

文化庁メディア芸術祭審査員推薦作品。ブックファースト新宿店名著百選2015に選出。売野機子氏、高橋源一郎氏も絶賛。ある日突然、記憶を失ってしまったエロイーズ。自分が何者なのか、持ち物や交友関係から辿っていく。そんな彼女に待ち受ける答えとは―。仏女性から圧倒的に支持される作家・ペネロープ・バジューが描く、究極の自分探しストーリー。

本体1800円＋税　A5　192ページ（オールカラー）

はちみつ色のユン
Jung 著　鵜野孝紀 訳

「鏡に映る君は誰？ 心の落ち着く場所はどこにある？ さぁ、ユンの心と体の旅に同行しよう」―奈良美智さん推薦コミック。
第19回文化庁メディア芸術祭審査員推薦作品。
韓国で生まれ、ベルギー人として育ち、日本人になりたかったユン。
自分のルーツと未だ見ぬ産みの母の姿を探し求める姿に胸打たれる感動の実話。
知られざる韓国人養子の真実がここに。

本体2500円＋税　四六　312ページ（カラー口絵16ページ）

ブルーは熱い色
Le bleu est une couleur chaude

ジュリー・マロ 著　関澄かおる 訳

「Tokyo Walker」「ELLE」「ダ・ヴィンチ」にて紹介されました！
フランスで10万部超えのベストセラーコミック。
映画化された作品「アデル、ブルーは熱い色」は2013年カンヌ国際映画祭でパルムドールを受賞、スピルバーグからも絶賛。
映画とは違う原作本の結末に、涙を誘われます。

本体2200円＋税　B5変型　160ページ（オールカラー）

少女系きのこ図鑑
菌類イラスト集

玉木えみ 著

朝日新聞連載「きのこをたどって」、TBS系列「はなまるマーケット」、毎日新聞、「Zipper」、ニコニコニュースなど、さまざまなメディアでひっぱりだこ！
きのこ擬人化イラスト、フルカラー105点掲載！　種別や特徴、食毒グラフ、きのこが登場する文学作品からの引用文など、図鑑形式で使えます！

本体2200円＋税　A5　240ページ（オールカラー）　好評5刷！

NEW LONDON
イースト・ロンドン　ガイドブック

カルロス矢吹 著

ロンドンでいちばんエキサイティングでヒップなイースト・エリアのグルメ、ショッピング、お散歩スポットなど135軒！
歩いているだけで刺激を受けるShoreditch、Brick Lane、Bethnal Green、Dalston、Hackney Cetntral、Stoke Newingtonのカフェ、ギャラリー、セレクトショップ、ミュージアム、マーケットなど、とっておきのスポットを紹介します。

本体1850円＋税　A5　160ページ

AMETORA 日本がアメリカンスタイルを救った物語
日本人はどのようにメンズファッション文化を創造したのか？

デーヴィッド・マークス 著　奥田祐士 訳

「戦後ファッション史ではなく、まさにこの国の戦後史そのものである」
　　──宮沢章夫氏。

朝日新聞（森健氏）、日本経済新聞（速水健朗氏）など各メディアで話題！
石津祥介、木下孝浩（POPEYE編集長）、中野香織、山崎まどか、ウィリアム・ギブスンなどが推薦文を寄せて刊行された、傑作ノンフィクション。

本体2200円＋税　四六　400ページ＋口絵8ページ　好評4刷！